# DEFENSE

## DE M. BONNEAU-LESTANG,

### AU TRIBUNAL

### DE POLICE CORRECTIONNELLE,

NEVERS, IMPRIMERIE DE ROCH.

# DÉFENSE

DE

# M. BONNEAU-LESTANG,

## AU TRIBUNAL

## DE POLICE CORRECTIONNELLE.

DÉCEMBRE 1822.

# DEFENSE

## DE M. BONNEAU-LESTANG,

### AU TRIBUNAL

#### DE POLICE CORRECTIONNELLE.

MESSIEURS,

MALGRÉ les sinistres présages, qui, dans l'atmosphère politique, planent sur les situations qui ont quelque conformité avec la mienne; présages, qui dans ce lieu même peuvent avoir un caractère plus alarmant pour moi; mon ame, assez ferme pour envisager sans terreur toutes les conséquences de l'accusation, maintiendra, je l'espère, toutes ses facultés dans le juste dégré nécessaire pour la repousser, sans dépasser les limites de la défense légale.

Que Messieurs, que M. le Président, qui a manifesté l'inquiétude, qu'oubliant le sentiment des convenances, je fusse capable de compromettre la dignité de l'audience, se rassurent; que ces amis qui se pressent autour de moi, et que je remercie de l'intérêt qu'ils me portent, qui redoutent, je le sais, les écarts d'une sensibilité trop irritable peut-être, calment leurs sollicitudes. Pour ne rien enlever de ses avantages à une cause qu'ils ont bien voulu trouver belle, il ne me sera pas difficile d'imposer pour un jour, à mon énergie habituelle, le frein de la circonspection.

Et d'ailleurs, serait-il possible que je méconnusse, dans mon adversaire, le caractère d'inviolabilité qu'il tient de la puissance au nom de laquelle il agit, lorsque ma raison aperçoit une autorité, qui, même en cherchant un point vulnérable, ne peut cesser d'être tutélaire, et qui, jusque dans ses aberrations, ne peut que m'inspirer des égards et du respect.

L'accusation, Messieurs, doit être discutée

dans les trois chefs que la citation a spé-
cialisés :

1° D'avoir excité à la haine et au mépris du
gouvernement du Roi ;

2° D'avoir outragé, en raison de ses fonctions,
une portion des membres de la Chambre des
Députés.

3° D'avoir troublé la paix publique, en ex-
citant au mépris et à la haine de plusieurs classes de citoyens, (les ministres du culte de la
religion de l'État et les Nobles).

Je me propose de repousser l'accusation dans
le même ordre qu'elle se présente, avec cette
franchise que l'on reconnaît dans mon caractère, sans détours, sans subterfuge, sans dis-
simulation, parce que je ne connais qu'une seule
arme qui ne se brise jamais dans la main
qui s'en sert : LA VÉRITÉ.

## §. Iᵉʳ.

Voici les passages de l'écrit dénoncé à votre
Tribunal, où la première incrimination, celle
d'avoir excité à la haine et au mépris du gouvernement du Roi, a été puisée :

*Lettre* 4, *page* 24. « Ennuyés de le remor-

» quer, ils l'ont (le ministère d'alors) coulé
» bas, comme tout le monde l'avait prévu;
» mais, après avoir obtenu de l'état de ser-
» vage qu'il avait accepté, des lois qui ont ré-
» duit la Charte à l'état de papier maculé, en
» attendant que le dogme de l'omnipotence par-
» lementaire la mette au néant, au risque d'é-
» voquer du passé le dogme de l'omnipotence
» sociale, qu'aucuns nomment souveraineté du
» peuple. »

Et *même lettre, page* 25. « Il y a un nou-
» veau mot d'ordre. Dans un voyage que j'ai fait
» dernièrement à Bourges et à Néris, un in-
» discret me l'a dit à l'oreille : c'est *fiat via vi.* »

*Lettre* 5 *, page* 26. « Le régime social, tel qu'ils
» ont commencé à le faire, et tel qu'ils le feront
» (les ministériels), est incompatible avec les
» intérêts de la société.

Sur ce chef, la citation ne dit rien de plus.
Dans le réquisitoire dont M. le Procureur du
Roi vient de faire, d'une voix très-basse, une
lecture bien rapide, il ne m'a pas été possible
de saisir les différents points de vue sous lesquels le ministère public aurait envisagé comme
répréhensibles, les diverses idées politiques,
plutôt entrejettées que développées ou dé-

montrées, dans le tableau raccourci de ce que j'appelle une scène du grand drame.

Mais, comme ce n'est pas ici le lieu de les discuter; que, fausses ou vraies, il a été dans mon droit de les concevoir et de les divulguer, je ne dois les considérer qu'en les rapportant toutes en masse à l'accusation, pour en faire sortir la preuve qu'on n'y trouve pas le délit prévu par la loi, le fait que j'aie excité à la haine et au mépris du gouvernement du Roi.

Ici, Messieurs, j'éprouve une grande difficulté, c'est d'exprimer en termes respectueux, puisque c'est mon devoir et mon désir, l'indéfinissable distraction par laquelle M. le Procureur du Roi a pu comprendre que *le Ministère d'alors* et *les ministériels du jour* avaient été ou pouvaient jamais être une seule et même chose que le gouvernement du Roi.

Le ministère d'alors n'est plus rien; un ministère actuel est un être moral vivant: *un ministère d'alors* est un être moral *mort*, bien que les individus qui l'ont composé, jouissent d'une santé parfaite, florissante sous la bénigne influence d'une grande profusion d'honneurs et de richesses; les ministériels du jour, sont gens très-bien pensans à ce qu'on dit, et bien choyés;

mais ni eux, ni le ministère d'alors, ni
même le ministère actuel, n'ont jamais été le
gouvernement du Roi, et le gouvernement du
Roi a toujours été hors de cause dans la haine
et le mépris que l'on pourrait, à juste titre quelquefois, provoquer contre eux.

Le gouvernement du Roi, Messieurs, c'est le
ROI.

Et. bien que sa volonté ne se manifeste que
par l'organe de son ministère, comme la pléni-
tude de la puissance exécutive réside en sa personne, dans ce principe culminant-de tout le
système monarchique, il faut comprendre que
l'essence du gouvernement du Roi, c'est le Roi.

Sa personne est sacrée et inviolable, ce qui
signifie qu'il ne peut pas mal faire. *Ses ministres
sont responsables,* ce qui signifie qu'ils peuvent
mal faire.

La conséquence est qu'on peut leur dire qu'ils
ont mal fait, sans pour cela provoquer à la haine
et au mépris du gouvernement du Roi ; c'est,
malheureusement pour eux une des charges du
bénéfice ; mais elle ne doit pas nous faire crain-
dre la vacance ; et celui qui dit et imprime que
le ministère a mal fait, peut ne pas vouloir autre chose que faire parvenir la vérité au pied du

Trône. Il me semble que cette pensée peut trouver accès dans un cœur généreux, parce qu'en même temps qu'elle est par elle-même une preuve d'amour, de dévouement pour le Roi, elle pourrait quelquefois se trouver environnée de périls.

## §. II^{me}.

La seconde accusation est d'avoir outragé une portion de la Chambre des Députés, à raison de leurs fonctions.

Messieurs, n'ayant jamais lu la loi du 25 mars, et n'ayant conservé que quelques notions très-incomplètes de ses dispositions et de son esprit, d'après la lecture des journaux dans le temps où elle a été discutée, une idée est venue me frapper pour la première fois pendant la lecture du réquisitoire : j'ai demandé à connaître le texte de la loi qui avait prévu le délit que cette partie de l'accusation m'impute.

Vous avez entendu, Messieurs, la lecture de cet article. Il incrimine seulement l'outrage contre la Chambre des Députés, ou contre un ou plusieurs de ses membres.

Connaissant toute la sagacité de Monsieur le Procureur du Roi, ce n'est qu'avec un profond sentiment de défiance que j'oppose au fruit de ses savantes élucubrations, une conception rapide produite depuis l'ouverture des débats, et qu'au milieu d'une succession non interrompue d'autres idées, il ne m'a pas été possible de considérer peut-être sous son véritable point de vue.

Mais dans la leçon de la loi, telle que Monsieur le Procureur du Roi vient de la donner, je ne trouve rien qui soit en harmonie avec l'accusation.

Que la loi ait voulu prendre sous sa sauvegarde , à raison de l'exercice de ses fonctions, la Chambre des Députés, je ne vois dans cette intention que sagesse et raison : la Chambre des Députés, être moral, collectif, facile à comprendre, facile à définir, l'un des trois élémens de la puissance législative , peut avoir besoin d'une garantie quelconque, et la recevoir de la loi.

Que cette garantie ait été étendue à un ou plusieurs membres considérés comme individus , et ayant droit, par leurs fonctions. à une spécialité de protection exorbitante du droit commun . je le conçois encore.

Au-delà, Messieurs, je ne verrais que non-sens.

ou peut-être le dernier degré de l'imprévoyance.

Une portion de la Chambre des Députés, n'est point un corps politique : ce n'est qu'un être moral qu'il serait impossible de définir légalement ; et , sous ce point de vue, on voit que la garantie que le ministère public invoque pour une portion de la Chambre des Députés, ne saurait trouver où se reposer.

Ce n'est pas tout, Messieurs. Que pourrait donc devenir l'effet d'une loi qui accorderait une protection spéciale à une portion de la Chambre des Députés? Ne faudrait-il pas redouter, surtout, qu'elle devint une arme dans la main des partis qui peuvent s'y former , arme d'autant plus funeste à l'ordre social, que le ressort qui la ferait mouvoir pourrait puiser son énergie à la source du pouvoir même? Hâtons-nous , Messieurs , d'écarter cette lugubre pensée , qui reporte nos souvenirs sur cette époque épouvantable de notre histoire , pendant laquelle la Convention nationale , se déchirant chaque jour, ne montrait à la Nation que le spectacle affreux d'une législature mutilée par les continuelles réactions de la Montagne et de la Plaine.

Que si vous êtes déjà convaincus , Messieurs,

qu'une accusation d'avoir outragé une portion
des Membres de la Chambre des Députés, en raison de leurs fonctions, tombe d'elle-même, parce
que la loi n'a point incriminé un fait absurde;
combien vos esprits, étonnés sans doute de trouver cette étrange accusation, ne vont-ils pas l'être
davantage, quand je vous aurai fait voir que,
dans les passages extraits par le ministère public, je n'ai non seulement pas outragé une
portion de la Chambre des Députés, mais même
que je n'ai pas parlé d'eux; tellement, qu'en
fait et en droit, **toute** cette partie de l'accusation est basée sur la plus inconcevable décep-
tion ?

Voici, Messieurs, ces passages :

*Lettre* 6, *page* 32 : « Le parti ministériel
» se composa de *toutes les créatures* salariées
» du ministère, qui obéissaient moins à une
» conviction, qu'elles ne se plaçaient dans un
» état de servage qu'elles purent croire honora-
» ble. J'y consens. »

Dans la même lettre, page 32, j'établis une
comparaison entre ces *créatures salariées* du
ministère et les compagnons d'Ulysse, métamorphosés, par enchantement, en pourceaux; toutefois, avec la réserve de quelques

exceptions, d'autant plus honorables à mes yeux, que je les crois moins nombreuses.

Je dis que c'est une cohorte (ces créatures salariées), créée et mise au monde pour être toujours *à la suite* du pouvoir, n'importe par qui il vienne.

Je leur donne le sobriquet de *sportulaires*, pour ne pas leur donner le nom plus trivial de *marmitistes*.

Dans une note, je cherche à expliquer ce sobriquet de sportulaire, qui, ne se trouvant pas dans le dictionnaire, n'aurait pas été aussi généralement compris que je le voulais. Je raconte un trait de la vie privée des Lucullus et des Apicius de Rome ancienne. Je cite un vers de Juvénal, que je traduis bien ou mal : *Ces amis que l'on a achetés, en jetant la* sportule *dans leur bourse.*

*Defossa in loculis quos* sportula *fecit amicos.*

J'ajoute que cela ressemble parfaitement aux ministériels salariés.

A la *lettre* 7, *page* 38, je dis que « le parti
» ultrà-royaliste a acquis des mercenaires; que
» ces troupes sont moins propres à combattre,
» qu'à piller le camp ; que de pareils alliés

» peuvent devenir transfuges ; qu'il ne faut que
» s'emparer du budget, et crier : A moi, mes
» amis ! »

Maintenant, Messieurs, je me demande
comment le ministère public a pu voir dans ces
passages, qu'il fut question d'une portion des
membres de la Chambre des Députés ?

J'ai signalé le parti ministériel, j'ai traduit à
la barre de l'opinion, les créatures salariées du
ministère ; mais n'y a-t-il donc de parti ministériel, de créatures salariées que dans la Chambre des Députés ? N'en existe-t-il pas, en bien
plus grand nombre, dans la masse de la Nation ?

Et par tout ce qui précède, et par tout ce qui
suit, n'est-il pas de la dernière évidence que je
ne considérais le parti ministériel que sur l'ho-
rison politique, c'est-à-dire, dans toute l'étendue du terrein social, et point du tout dans
une Chambre ?

Cette Chambre des Députés, qui n'est même
pas indiquée, n'avait rien à faire avec moi (1).

_____

(1) Aujourd'hui que j'ai lu la loi du 25 mars 1822,
je pourrais dire de plus, que M. le Procureur du Roi
n'avait rien à faire avec elle ; car l'outrage aux Cham-
bres ou aux Députés, à raison de leurs fonctions, ne

Je n'ai parlé que des fonctionnaires rétribués qui, dans l'exercice de leurs droits politiques, droits que, sans *forfaiture*, on ne peut exercer dans d'autres vues que celles des intérêts généraux de la société, consultent, avant tout, la frayeur de perdre un jour plutôt le pouvoir et le salaire inhérens à leurs fonctions, et que j'ai vus, le trouble de leur conscience peint sur leurs visages, venir, d'une main tremblante, remettre aux Présidens des Colléges électoraux qui encourageaient cette violation scandaleuse de la loi, leurs bulletins ouverts, ou l'écriture pliée en dehors, et quelquefois signés d'eux.

Je n'ai pas eu l'injustice, Messieurs, d'étendre cette satyre au-delà des justes bornes; et je déclare qu'un profond sentiment d'indignation, dont souvent j'ai été confident, a relevé à mes yeux tous ceux auxquels les affections du cœur brisé d'un père ou d'un époux, ont fait subir l'inexorable loi de la nécessité.

---

peut être poursuivie par le ministère public *que sur l'autorisation de la Chambre*, dans les cas où, par une attribution spéciale, elle ne se réserve par la répression. Ainsi, le délit fût-il réel, M. le Procureur du Roi est sans *qualités* pour poursuivre.

C'est la dégradation volontaire, inexcusable, toutes les fois que les ressources du patrimoine ou d'une industrie honnête, n'en imposent pas la loi fatale, qui m'a rappelé la fable de Circé.

Circé, dont le nom exprime une *révolution,* fille du Soleil, du Soleil moral sans doute qui les fait éclore, n'est qu'un personnage épique, dont l'action exprime parfaitement cet accident de la nôtre, que j'ai voulu caractériser ; et les compagnons d'Ulysse, métamorphosés en pourceaux, ne sont que la peinture fidèle de tous ces hommes chez lesquels le besoin du ventre a éteint tout sentiment moral des devoirs sociaux.

Le fiel de ma plume, pour me servir des expressions du ministère public; ce fiel qui a empoisonné la sportule, n'était préparé pour aucune portion de la Chambre des Députés, à raison de leurs fonctions, mais pour la tribu des hommes que le ministère *placie,* et ne maintient dans leurs places qu'au prix de leur servilité.

Ce sont eux que j'ai appelés mercenaires, que j'ai signalés comme des troupes moins propres à combattre, qu'à piller le camp, qui deviendront transfuges, aussitôt que, le budget à la main, on provoquera leur défection ; parce que la plupart d'entr'eux , blasphèmant aujourd'hui contre ce qu'ils ont adoré dans d'autres temps , ne connaissent d'autres légitimités de droits et de devoirs que celles qui paient , et d'autre conscience que celle de la main qui signe leur quittance.

## §. III<sup>ème</sup>.

Le troisième chef d'accusation , Messieurs , repose sur le fait que j'aurais excité au mépris et à la haine de plusieurs classes de citoyens ; et ces citoyens seraient des ministres du culte de la religion de l'État et des nobles.

Voici les passages extraits de l'ouvrage dans lesquels l'accusation est puisée :

*Lettre* 3, *page* 16 : » A cet appel , on déserta » le sol de la patrie ; on parla de n'y rentrer » que le glaive à la main : une sotte et ridicule » jactance parla de gibets. »

*Même lettre* , *page* 17 : « Un quart de siècle » après, on pou ait croire ce parti écrasé sous » des ruines ; un évènement, amené par des relations de politique extérieure ( ici je trouve » sur la citation que j'ai reçue , une addition

» du ministère public , qu'il a placée entre
» deux parenthèses , et voici cette addition :
» *la chûte de Bonaparte et la restauration des*
» *Bourbons* ) , produit un changement im-
» mense; et l'or de l'Angleterre , et les humi-
» liations de Frédéric-Guillaume , et les ressen-
» timens d'Alexandre . paraissent tenir moins
» de place dans les causes de ce bouleversement ,
» que les efforts constans de cette fidélité , qui
» consent à servir pour mieux trahir !

» Son premier soin fut d'en demander le sa-
» laire. Les hypocrites ! »

*Lettre* 2 , *page* 11. » Les dénominations sont
» changées , mais les partis ont conservé leur
» nature. Sur une bannière on peut lire , *Privi-*
» *léges;* sur l'autre , *Droit commun.* »

*Et lettre* 4 , *page* 19. » L'hypocrisie , qui fait
» de dévotion métier et marchandise , et dont
» nos Missionnaires nous ont ramené la mode,
» etc. »

Là , dans la pensée du ministère public, se
trouverait le fait d'avoir excité au mépris et à la
haine des nobles et des ecclésiastiques.

Je vous prie de remarquer , Messieurs, que
je n'ai parlé , ni des nobles , ni des prêtres ; et
c'est une bien singulière fatalité que , déjà deux

fois, j'aie signalé dans, l'action du ministère
public, deux déviations bien solennelles sur
le droit, et constamment sur le fait, le renver-
sement le plus complet de la vérité.

En disant *on déserta le sol de la patrie*, j'ai
parlé des émigrés : je ne m'en dédis point ;
mais ce ne sont pas les nobles seuls qui ont
émigré ; les émigrés ne forment point une
classe. Tous proscrits d'abord , et ensuite am-
nistiés, ils ont été rappelés au banquet de la
vie sociale ; plusieurs font oublier un tort bien
réel, par leurs vertus privées et publiques ; nous
en comptons un grand nombre recommanda-
dables par tout ce qui donne du lustre, dans le
parti libéral ; il n'a pu entrer rien d'hostile dans
la relation d'un fait qui entrait dans mon plan :
j'avais annoncé que je parcourrais des som-
mités.

Si j'ai un tort , c'est celui d'avoir osé saisir
d'une main inexpérimentée le burin de l'histoire ; mais, telle est la trempe de cet instru-
ment , que, même dans une main faible , il n'est
point de bronze si dur qu'il ne sillonne profon-
dément.

Toute son énergie est dans la vérité , et si
une autre scène des excès révoltans de cette

aristocratie, contre laquelle j'ai lancé ma javeline, fut entrée dans mon plan, n'aurais-je pas eu le droit de peindre toute l'horreur que m'inspire une *canaille* galonnée conspirant sous des lambris dorés ; un prélat et de grands seigneurs à la tête du mouvement, faisant fuir le Roi de sa capitale, et tirer sur ses troupes le canon d'une de ses forteresses.

« Sur une bannière on lit *Priviléges;* sur l'autre, *Droit commun* ». En quoi, je le demande, cette remarque peut-elle devenir perturbatrice de la paix publique ?

La société est scindée en partis : c'est une vérité qui transsude par tous les pores du corps politique. Un fait aussi patent ne peut être même *dissimulé*. M. le Procureur du Roi le reconnaît. J'ai saisi, dans son récit rapide, cette phrase : *La fusion des partis s'opérait.* Il y avait donc des partis ; quand il y a des partis, les uns veulent une chose, les autres une autre ; s'il devient nécessaire, pour se faire entendre, de distinguer les partis, il faut bien un signe pour marquer les différences. En est-il un moins hostile, moins propre à réveiller les irritations, que celui dont je me suis servi ? Si tout le monde voulait le Droit commun, il n'y aurait pas de scission.

Que peuvent vouloir ceux qui ne veulent pas le Droit commun, s'ils ne veulent des lois pour des intérêts privés, *privatæ leges*, priviléges?

L'accusation, en ce qui touche les ministres du culte catholique, ne repose pas sur une base plus vraie.

J'ai dit que la mode de l'hypocrisie qui fait de dévotion métier et marchandise, nous *avait été ramenée* par les Missionnaires.

Vous convenez tous, Messieurs, que l'expression *ramenée* ne peut être prise dans le sens d'une *action directe*, et que je n'ai pu faire naître d'autre pensée que celle d'une *action consécutive*.

Je ne veux pas examiner si des Missionnaires sont ministres du culte de la religion de l'État; je ne veux pas examiner s'ils forment une classe de citoyens, ni même si des Missionnaires sont regnicoles, ou, pour rendre toute ma pensée, si on ne peut pas être Missionnaire sans être regnicole; et alors, il n'y aurait ni droits civils, ni classe d'individus ayant des droits civils placés sous la garantie de la loi.

J'aborde le fait dans toute sa simplicité. A quoi se réduit-il? à avoir dit que les missions avaient produit des conversions simulées, qui, pour véritables mobiles, avaient des intérêts terrestres. Qui en doute? et, dans le rappel du fait, que peut-on trouver d'injurieux contre les Missionnaires. Soit qu'ils forment une classe de citoyens, soit que, n'ayant qu'une mission d'origine céleste, tous leurs droits se bornent à secouer la poussière de leurs pieds en sortant de la ville ou de la maison. (1)

Dans l'intérieur de ma conscience, Messieurs, je m'absous du reproche que me fait le ministère public; je n'ai pas dit que les Missionnaires n'avaient pas semé le bon grain: tout ce que j'ai dit, c'est qu'il s'était trouvé un peu d'hypocrisie dans la moisson, sans doute parce que le *Diable* avait semé l'ivraie.

Sous le rapport de la pénalité, Messieurs, et si je ne me proposais rien de plus, ma tâche serait finie ; mais le ministère public ayant ajouté à trois accusations spéciales si faciles à repousser, précisément parce qu'étant formelles, elles viennent se briser contre le fait et le droit, une imputation vague, celle d'avoir écrit

(1) *Exeuntes foras de domo, vel civitate, excutite pulverem de pedibus vestris.* (Saint Matth., chap. x, vers. 14.)

dans une intention hostile, je dois appeler votre attention, comme celle du public qui m'entend, sur ce point du réquisitoire, parce qu'il me blesse par lui-même, et indépendamment de votre décision.

L'intention, Messieurs, ne se manifeste pas par des actes extérieurs, et il me semble qu'ici le ministère public n'a pas assez bien saisi la nuance que nos lois criminelles établissent entre la volonté et l'intention ; c'est celle-là que des actes peuvent révéler, mais jamais celle-ci. Odieuse ou coupable, elle se cache dans un asile que l'œil de Dieu seul peut pénétrer : *Ego Dominus scrutans cor*. Là, Messieurs, les jugemens humains se trouvent arrêtés par une limite sacrée, que nul, quelque puissant qu'il soit, ne peut enfreindre sans mépriser à ses risques et périls ce précepte de l'Écriture : *Nolite judicare et non judicabimini.*

En soutenant, Messieurs, que mes intentions ne sont pas dans le domaine de la justice des hommes, en déclinant même sur ce point les prérogatives du ministère public, il me reste un grand regret, c'est que l'opacité de leur enveloppe les cache à tous les yeux ; que si cette enveloppe pouvait devenir transparente, on ver-

rait un cœur dévoué aux intérêts de la société, et
qui, dans toute mon action politique ne m'a
jamais inspiré que des *intentions* pures et déga-
gées de tout intérêt personnel.

A cette époque de la convocation des États-
Généraux, que j'ai décrite dans ma quatrième
lettre, je venais de prendre la robe virile. Depuis, je n'ai pas été un seul jour de ma vie in-
différent au mouvement qui nous entraîne vers
un ordre social, que j'espère meilleur que celui
que nous abandonnions alors. Dans les mouve-
ments désordonnés de cette révolution, où elle
fut poussée, d'abord par la plus épouvantable
violation du droit des gens, et ensuite par les
perfides insinuations de ses ennemis, qui, déses-
pérant de la vaincre par la force, voulurent la dé-
moraliser, je suis resté sain de cœur et d'esprit
au milieu de cette corruption, produite par la
fureur et l'aveuglement des factions. Je me fais
honneur de trente années de patriotisme, pendant
lesquelles je n'ai fléchi le genou devant aucune
idole. Que si cette vie ne se recommande pas par
des services publics, au moins, dans la condition
obscure où la providence m'a placé, elle se dé-
core, Messieurs, de l'innocuité de toutes mes
actions.

Tel est encore, Messieurs, le caractère de
l'écrit qui vous est dénoncé. J'ai proposé la fusion de tous les intérêts qui peuvent sympathi-
ser avec un système d'organisation sociale con-
forme à l'esprit de la Charte, BASE DE NOTRE
DROIT PUBLIC. J'ai parlé des choses selon mon
droit; je me suis tu sur les personnes, selon
mon devoir.

Je ne crains nullement que l'on scrute mes
intentions, parce que, dérivées d'affections irré-
prochables, elles ne peuvent redouter le grand
jour. Mais il faut y procéder avec quelques rè-
gles, et il ne peut y en avoir d'autres que celles
d'examiner les moyens et le but.

Les moyens ont été de bien établir la nature et la tendance des partis dont la Nation se
compose; cette démonstration, même *erronée,*
est dans mon droit; elle entre avec ce caractère
dans le domaine du publiciste, tel que l'article &
de la Charte le confère à tous les Français, et
ne peut être attaquée que sur ce terrein.

Le but matériel apparent, a été, sans sortir
du cercle de mes droits politiques, de mettre
en évidence des candidats pour la députation,
deux sur le premier plan, quatre sur le second,
avec un droit à peu près égal à la confiance des
Électeurs.

Tous sont des hommes honorables et honorés, justement recommandables par des services publics de l'ordre le plus éminent. Quatre sont membres du conseil général du département; un autre est conseiller à la Cour royale, et peut obtenir de vous, Messieurs, à ce titre, le degré d'estime et de considération que vous avez pour tous ses collègues, et sans doute plus spécialement pour le magistrat auquel le Roi a conféré l'honneur de votre installation. Le sixième enfin, mon parent et mon ami, mais non pas mon patron, qui a donné à Monsieur le Procureur du Roi des preuves d'estime qui imposent à son honneur la loi de la réciprocité, m'avait paru mériter la confiance générale, par cela qu'en 1818, il avait enlevé d'emblée tous les suffrages, et que, dans son action législative, il avait complètement répondu aux espérances qu'il avait données.

J'ose me flatter, Messieurs, qu'au lieu de rien voir d'hostile dans de semblables intentions, vous n'y verrez, et que le public n'y verra avec vous, que l'exposition franche et loyale des moyens que j'ai jugé les plus propres à rétablir, par une douce contrainte (celle de la persuasion), la paix sociale, si nécessaire au bonheur

et à la gloire du monarque auquel nous som-
mes redevables d'une Charte libérale.

Monsieur le Procureur du Roi s'est beaucoup
attaché à faire ressortir le non-succès de mes
faibles efforts. Ce résultat ne prouve rien contre leur moralité, rien même contre le résultat
*final*. Cette foi que j'ai dans l'avenir n'en est
point ébranlée ; tous les moyens sont bons dans
la main de celui qui frappe un rocher et fait
jaillir une source.

Je conclus, Messieurs, au renvoi de l'accusation.

Après l'exposition de ma défense, Monsieur
le Procureur du Roi, a répliqué.

Le requisitoire qu'il avait lu était très-étendu,
ce qui lui a permis d'être très-laconique dans cette
réplique. Il a dit qu'il persistait ; toutefois que
l'huissier rédacteur de la citation, avait mal compris ses ordres sur le chef qui avait pour objet
l'outrage à une portion de la Chambre des Députés ; il a demandé acte de quelques modifica-

tions qu'il faisait à cette partie de la poursuite.
Je ne puis rendre compte de ces modifications ,
n'ayant pu les comprendre. Le tribunal a fait
acte comme il était requis , et a renvoyé à l'audience du 19 pour prononcer le jugement.

Ce jugement me renvoie de la demande,
parce que, bien que l'ouvrage dont j'ai reconnu
être auteur et distributeur contienne DES DOC-
TRINES RÉPRÉHENSIBLES, cependant on n'y trouve
aucun des délits qui ont motivé la poursuite du
ministère public.

*Si cependant elle tourne !* disait Galilée.

**FIN.**